D1666865

Gute Geschichten bessern die Welt.

Niels Pfläging

Kaputtoptimieren und Totverbessern

story.one – Life is a story

1. Auflage 2022
© Niels Pfläging

Herstellung, Gestaltung und Konzeption:
Verlag story.one publishing - www.story.one
Eine Marke der Storylution GmbH

Gesetzt aus Crimson Text und Lato.
© Fotos: Aquarelle von Christian Rothmann, Berlin, www.rothmann.info –
Nachdruck mit freundlicher Genehmigung des Künstlers

Printed in the European Union.

ISBN: 978-3-7108-0578-3

'Kaputtoptimieren und Totverbessern' erschien erstmals als Essay im Kursbuch 171 (Murmann Verlag), herausgegeben von Armin Nassehi und Peter Felixberger. Für diesen Band wurde der Text überarbeitet und ergänzt. Die Aquarelle dieses Bandes stammen von Christian Rothmann, www.rothmann.info

INHALT

Management als Scharlatanerie

Stell dir vor, du lebtest im westeuropäischen Mittelalter. Sagen wir innerhalb jener Geografie, die heute Deutschland, Österreich und die Schweiz umfasst. Die Zeit: Irgendwann zwischen dem 6. und dem 15. Jahrhundert, also nach dem Untergang des römischen Reiches und vor Beginn der Renaissance. Nehmen wir außerdem an, du hättest ein körperliches Leiden. Dann hättest du ein richtiges Problem: Denn während die byzantinischen und arabischen Mediziner das medizinwissenschaftliche Erbe der Antike bewahrten, blieb die Medizin des westlichen Mittelalters von allen Erkenntnissen unberührt, die es zuvor einmal gegeben hatte.

In jener Zeit existierte keine schulmedizinische Tradition in Mitteleuropa: Erfahrungserwerb und -weitergabe gingen Hand in Hand mit spirituellen Einflüssen und religiöser Ideologie. Nur wenige lateinische Schriften aus dem Altertum hatten überlebt, das Griechische ging verloren. Die verbliebenen medizinischen Theorien konzentrierten sich mehr auf religiöse als auf wissenschaftliche Erklärungen. Ansichten über die Entstehung und Heilung von Krankheiten waren dementsprechend nicht säkular geprägt, sie waren vielmehr Teil der christlich geprägten Weltanschauung – und in der spielten Faktoren wie Schicksal, Sünde und astrale Einflüsse eine mindestens ebenso zentrale Rolle wie körperliche Ursachen. Die Wirksamkeit von Heilmitteln war eher an den Glauben von Patient und Arzt gebunden als an empirische Beweise. Heute bezeichnen wir das als Placebo-Effekt. So fanden Praktiken wie Aderlass oder Schröpfung weite Verbreitung für allerlei Gebrechen. Vielleicht wären die etwas für dein Körperleiden?

Die remedia physicalia, also die eingesetzten physischen Mittel zur Krankheitsbehandlung, waren einer spirituellen Einflussnahme regelrecht nachgeordnet. Nach kirchlicher Lehre schickte Gott Krankheit als Strafe zu den Menschen – nur Beichte und Reue konnten zur Heilung führen. Entsprechend weit verbreitet waren Bußpraktiken und Wallfahrten als Heilmittel. Auch Gebete und Andachten spielten eine große Rolle. In Klöstern wurde Heilkräuterkunde betrieben, wobei man den Erfolg pflanzlicher Heilmittel der Wirkung auf die Hauptflüssigkeiten

„Schwarze Galle, Schleim, Blut, Gelbe Galle" zuschrieb. Denn stets ging es darum, das „Gleichgewicht der Körpersäfte" wiederherzustellen. Auch diese Praktiken könnten bei dir zur Anwendung gebracht werden. Nicht gerade hilfreich für Ihre Heilungschancen wäre auch die Ansicht, der Beruf des Mediziners eigne sich ohnehin nicht für Christen, da die Krankheit ja als von Gott gesandt galt. Statt wissenschaftlich ausgebildeter Ärzte trieben Quacksalber oder Scharlatane als Heiler ihr Unwesen – später kam für sie der Begriff des „Kurpfuschers" in Umlauf.

Unternehmensführung, eine junge Disziplin

Fazit: Insgesamt stünden deine Chancen, im westeuropäischen Mittelalter auf medizinischem Wege Heilung oder Linderung deines körperlichen Leidens zu erfahren, eher schlecht. Wahrscheinlich würdest du durch eines der gängigen Heilverfahren hinweggerafft oder, sagen wir, früher als nötig dem Jenseits zugeführt werden. Claude Lévi-Strauss bezeichnete die Situation der Medizin im Mittelalter deshalb als „schamanistischen Komplex". Erst mit dem neuen Denken der Renaissance und der Verwissenschaftlichung der Medizin ab dem 18. Jahrhundert, in dem die Gründung und Professionalisierung von Heilberufen, neue medizinische Deutungssysteme, neue Erkenntnisse wie die Entdeckung der Nerven, aber auch der Rückgriff auf die Medizinwissenschaft der Antike, auf Diagnose und Therapie enorme Fortschritte hervorbrachten, kam frischer Wind in die Medizin Europas.

Die Wurzeln der Wissenschaft und des Berufsstands, um die es im Folgenden gehen wird, reichen erheblich weniger weit zurück als die der medizinischen Heilslehren im Mittelalter. Die Geschichte der Betriebswirtschaft und die ihrer praktischen Ausprägung, also von Unternehmensführung oder Management, beginnt als Breitenphänomen erst im Industriezeitalter. Sie umspannt lediglich rund hundert Jahre. Ihre Wissenschaft und Praxis gleichen jedoch in vielerlei Hinsicht dem Stand der Medizin im Mittelalter. Eine Befürchtung, die auch in den Managementwissenschaften selbst existiert: Niemand Geringerer als Peter F. Drucker, einer der Überväter des so genannten „modernen Managements", stellte konsterniert fest: „Das Meiste von dem, was wir Management nennen, erschwert es den Menschen, ihrer Arbeit nachzugehen."

Das wirft Fragen auf. Sind Managementpraxis und Betriebswirtschaft ein Komplex irriger Glaubenssätze, Dogmen und Praktiken? Ist Unternehmensführung in weiten Teilen bis heute nichts weiter als vorwissenschaftliche oder wissenschaftsferne Scharlatanerie? Was, wenn die vielbeklagten Phänomene des Kostenmanagements und der Restrukturierungsmaßnahmen mit umfassenden Entlassungswellen nichts weiter als hilflose, unter Umständen tödliche Abwandlungen des Aderlasses wären? Was, wenn

Unternehmensberatung McKinsey-style nichts anderes als Schröpfung wäre? Was, wenn man die meisten Management-Gurus unserer Zeit tatsächlich als Quacksalber brandmarken könnte und müsste? Was, wenn die Anwendung von Wissen aus Fallstudien, aus einem Studium der Betriebswirtschaftslehre (BWL) oder einer MBA-Ausbildung oder auch die Übernahme so genannter Best Practices in Organisationen eine heilende Wirkung auf dem Niveau von Wallfahrt oder Stoßgebeten entfalten würde – sie also vor allem selbstverstärkende Wirkung auf existierende Glaubensgebäude erzeugte? Was, wenn Unternehmensplanung, Strategie und Budgetierung nicht mehr als schamanistische Rituale leisten würden?

Ein Dogma von guter Organisation entsteht

Was wäre, wenn Management by Objectives, Zielvereinbarung, Leistungsindikatoren, betriebswirtschaftliche Analytik, Kostenrechnung und Anreizsysteme dem Versuch der Wiederherstellung der Körpersäfte mit Kräuterheilung oder Klistieren entsprechen, sie aber zur Erzeugung oder Steigerung von Leistung und Ergebnisse gar nichts beitragen könnten, sondern diese nur behindern würden? Wenn heutige Forschung in der BWL die Mythenbildung eher noch verstärkt, als sie aufzulösen imstande wäre? Wenn Unternehmens-Praktiken wie die Beurteilung von Mitarbeitenden, Personalentwicklung, Führungstrainings, Team-Building-Maßnahmen, Kulturmanagement, Unternehmenspolitiken, Purpose und Vision Statements oder Organigramme denen der Inquisition glichen - wenn sie also statt der Förderung von Effektivität oder Eigentümer-Wert (Shareholder Value) zu dienen eher Mittel von Gewaltausübung sind, die Angst und Schrecken, Schmerz und Qual verbreiten?

Management ist eine Optimierungsideologie, deren einziges und erklärtes Ziel die Steigerung von Effizienz ist. Unter den impliziten und expliziten Beschränkungen dieser Ideologie leiden heute Arbeit, Menschen, Wertschöpfung - bis hin zu Gesellschaft und Kapitalgebern. Anders gesagt: Management hat sich zu einem gesellschaftsfeindlichen Dogma der Verbesserung entwickelt. Zugleich ist es aber bis heute der Standard der Unternehmensführung. Management ist über alle Maße erfolgreich gewesen. Und nicht nur das. Es wurde zu einer der einflussreichsten Sozialtechnologien aller Zeiten. Seine Ideologie hat Einzug sogar in andere, arbeitsferne Sphären unserer Lebensgestaltung gehalten. Mit Folgen: Müßiggang im klassischen Sinn ist den meisten von uns eher fremd geworden. Stattdessen optimieren wir unsere Freizeit nach den Prinzipien der Arbeitsgestaltung und Unternehmensführung. Managementhafte Effizienzsuche im Umgang mit der Freizeit und Identität ist uns heute mehr als externer Zwang. Es ist innere Verpflichtung.

Das war nicht immer so. Als das moderne Management erfunden wurde, in der Blütezeit des Industriezeitalters, schloss es erst einmal bedeutsame gesellschaftliche Lücken. Die Industrialisierung hatte – zunächst in Großbritannien, später in Nordamerika und ganz Mitteleuropa – eine ganz neue Kategorie von Großunternehmen hervorgebracht. Zunächst in der Textil- und landwirtschaftlichen Produktion, dann in Branchen wie der Elektrizitäts-, der Eisenbahn- und Schifffahrtswirtschaft sowie in der Stahlproduktion, später auch der Automobilproduktion. Zum ersten Mal in der Menschheitsgeschichte wurde es möglich, mit Hilfe standardisierter, industrialisierter Massenproduktion und Massendistribution die Komplexität weitgehend aus der Wertschöpfung zu verbannen – Produktion sozusagen „dumm" zu machen. Etwas, das dem Manufaktur- und Handwerksbetrieb der vorindustriellen Ära unmöglich gewesen war.

Der Kreuzzug der Optimierung beginnt

Die neuen Technologien der Dampfmaschine, Mechanisierung, Elektrifizierung und später der Fließbandarbeit legten somit das Fundament dafür, dass Komplexität weitgehend aus der Wertschöpfung ausgetrieben werden könnte. Die neuen Großunternehmen besaßen bald eine Kaste von Berufstätigen, die es bis dato nicht gegeben hatte: die professionellen „Manager", die meist über eine technische oder Ingenieursausbildung verfügten und nun die industrielle Massenproduktion organisierten – mit den Mitteln der Ingenieurswissenschaften, aber auch des neu aufkommenden Rechnungswesens. Das Problem: Der neu entstandene Beruf des Managers genoss trotz seiner weiten Verbreitung ein geringes gesellschaftliches Ansehen. Er hatte weder eine formelle, noch eine wissenschaftliche Daseinsberechtigung. Er verfügte weder über Ausbildungen noch über Institutionen, die für ihn eintraten. Es gab sie eben, die Manager. Mehr aber auch nicht.

In diese Lücke stießen Vordenker wie der französische Unternehmer und Vollblut-Manager Henri Fayol oder der amerikanische Erfinder, Effizienzfanatiker und beratende Ingenieur Frederick Winslow Taylor. Dabei gebührt vor allem Taylor das Verdienst, Management als Sozialtechnologie zur Organisation kollektiver Wertschöpfung im Industriezeitalter, vulgo „Arbeit", erstmals quasi-wissenschaftlich untermauert und damit konzeptionell verortet zu haben. Ohne ihn und sein 1911 erschienenes Principles of Scientific Management sind sowohl die durchschlagende Verbreitung von Management als auch die heutige Krise der Unternehmensführung nicht nachvollziehbar. Vordergründig machte der Ingenieur und Berater Taylor vor allem durch seine Bewegungsstudien (motion studies) und Methoden zur Effizienzsteigerung in der Industrieproduktion von sich reden - und wurde damit noch zu Lebzeiten zu einer Art Wirtschafts-Superstar. Im Kern jedoch revolutionierte Taylor unsere Vorstellung von Arbeit durch die bedingungslose Ausrichtung auf Effizienz und durch das dahinter liegende Prinzip der Teilung auf dreierlei Art: in personeller, zeitlicher und funktionaler Hinsicht.

Das Kern-Prinzip des tayloristischen Systems, das später als Taylorismus bezeichnet wurde, ist die strikte, personelle Teilung zwischen Denkenden und Handelnden in der arbeitsteiligen Organisation. Das tayloristische System erhob die mangelnde Ausbildung und Bildung der breiten Arbeiterschaft um 1900 einfach zur Doktrin: Anstatt Arbeiter zu bilden oder, wie im Manufaktur- oder Handwerks-Betrieb, aufwendig zu Meistern zu qualifizieren, wurde das Denken aus dem Produktionsprozess verbannt. Das Denken solle „mindestens eine Hierarchie-Ebene" über der eigentlichen Fabrikarbeit angeordnet stattfinden, so die Idee.

Management als Kunst der Standardisierung

Arbeiter wurden so – freiwillig oder unfreiwillig - vom Denken befreit. Sie konnten dank tayloristischer Methode als Mensch-Maschine eingesetzt oder nach Belieben ausgetauscht werden. Die Arbeiter in ihrer Rolle als quasi Roboter zu optimieren war der Zweck hierarchischer Teilung.

Das zweite Prinzip der Teilung im Taylorismus war eine Konsequenz des ersten: Mittels Standardisierung – Taylor und seine Schüler sprachen vom One Best Way, dem „einen besten Weg", den es aufzuspüren, zu beschreiben und vorzuschreiben galt – sollte es möglich werden, das Denken auch in zeitlicher Hinsicht von der Ausführung zu entkoppeln. Manager planten für die Arbeiter, Arbeiter führten aus, ohne dass die Manager selbst vor Ort sein mussten. Die Planung konnte zu jedem beliebigen Zeitpunkt stattfinden. Dank Detail-Vorschriften und Kontrollen konnten nicht-denkende Arbeiter sich jederzeit ganz auf den Dienst nach Vorschrift konzentrieren. Den One Best Way und dessen Einhaltung fortan immer weiter zu optimieren, das war der Zweck der Standardisierung.

Das dritte, wiederum mit den ersten beiden zusammenhängende, tayloristische Teilungsprinzip brachte die heute aus der Arbeitsorganisation kaum noch wegzudenkende funktionale Differenzierung hervor. War der Meister im Handwerk und in der Manufaktur noch ein Könner des gesamten Wertschöpfungsprozesses gewesen, machte Taylor die Meister im Industriebetrieb zu Funktionsmeistern oder Supervisoren. Sollten nämlich hierarchische Teilung und Standardisierung zur Meisterschaft gebracht werden, musste die Arbeit in wiederholbare Stücke zerlegt werden. Das war die Geburtsstunde von Funktionsbereichen wie Arbeitsvorbereitung, Logistik, Instandhaltung, Einkauf, Qualität und vielen mehr, die sukzessive aus dem Produktionsprozess herausgetrennt und ihrerseits standardisiert und gemanagt werden konnten. Es reichte künftig, wenn einzelne Funktionsmeister oder Supervisoren als Spezialisten über Dinge wie „Produktionsplanung" nachdachten – und nicht mehr über alle Funktionen gleichermaßen. Jede so entstandene Funktion oder Ab-Teilung konnte nun ihrerseits optimiert und verbessert werden. Das war der Zweck der funktionalen Teilung.

Ein willkommener Nebeneffekt: Die Zunft der Manager wurde durch Taylor's Philosophie per Handstreich zu einem echten Berufsstand erhoben - dem Zeitgeist des Industriezeitalters entsprechend, vollständig rational erklärbar und verwissenschaftlichungsfähig. Manager wurden zu denkenden Göttern einer nicht-denkenden, fortan quasi per Fernsteuerung kontrollierbaren Arbeiterschaft. Endlich bekamen die gerade frisch aus dem Boden gestampften Business Schools – deren erste 1908 an der Harvard University gegründet worden war – Lehrstoff, ja Lehrfutter für ihre Studenten, die sich in frisch getünchten Klassenräumen tummelten.

Eine Philosophie gerinnt zu Methoden

Auch wenn Taylor zeitlebens selbst kokett dagegen wetterte: der Methodenkasten tayloristischen Managements konnte jetzt standardisiert, weitergegeben, gelehrt und institutionell verankert werden. ISO-Zertifizierungen, Six-Sigma-Programme, Anwesenheitskontrollen, strategische Analysen, Plan-Ist-Abweichungskontrollen und hunderte andere Management-Tools sind direkte Abkömmlinge des Taylorismus. Sie sind allesamt Variationen des gleichen Themas.

Die Wahl des Terminus „scientific" indes erwies sich als genialer Marketingkniff für tayloristisches Management. Ausgewählt nicht von Taylor selbst, sondern von seinen Anhängern bei einem legendären Arbeitstreffen im Jahr 1908 war der Begriff von Anfang an reiner Etikettenschwindel. Das Konzept strotzte nur so vor Pseudowissenschaftlichkeit. Taylors vermeintliche Potenzialanalysen fußten auf erfundenen Zahlen. Seine Erfolgsgeschichten waren buchstäblich reine Erfindung, die angeblich bei seinen Kunden erwirtschafteten Einsparungen pure Behauptung. Als Fälscher seiner eigenen case studies sowie als Berater, der schier unglaubliche Verbesserungen versprach, wahrhaft astronomische Honorare verlangte, seine Associates die Arbeit vor Ort machen ließ, der jedoch nicht im Geringsten für die beim Kunden erzielten Ergebnisse verantwortlich zu machen war, während er selbst zurückgezogen der Verbreitung seiner Ideologie nachging, entwickelte er quasi im Alleingang die Grundlagen des Geschäftsmodells für eine später milliardenschwere, globalisierte Branche: die Unternehmensberatung.

Die Managementbegründer zu Taylors Zeiten und in der Folge – Taylor selbst verstarb bereits 1915 als gebrochener und von einem US-Untersuchungsausschuss gedemütigter Mann, was dem Erfolg seiner Methoden aber keinen Abbruch tat - bedienten sich vorhandenen newtonianischen und kartesianischen Gedankenguts und zudem bewährter Ideen aus der Führung von Kirchen und Militärorganisationen. Neuartig waren am Management also nicht die philosophischen Grundlagen, sondern vielmehr die praktische Übertragung bereits bekannter Dogmen auf die Industrieproduktion einerseits und die zu den Nöten der aufstrebenden Industriekonzerne passende Erhebung des Effizienzgedankens zu einer strengen Quasi-Religion andererseits. In Taylors Welt war Verbesserung auf Zeit und Bewegung ausgerichtet. Immer etwas besser werden, immer etwas schneller, immer etwas billiger – das war das Motto des Taylorismus, das zu den neu entstehenden, weiten und trägen Märkten des Industriezeitalters wie ein Maßanzug passte.

Die Revolution der Arbeit frisst ihre Kinder

Was Taylor auf dem Buchumschlag zu seinen Principles versprochen hatte, wurde wahr – wenn auch erst nach seinem Tode. Taylor hatte der Welt vollmundig eine „Revolution" durch die Anwendung seiner Methoden versprochen. Er sollte Recht behalten. Management tayloristischer Prägung wurde ein Hit. Es trug erheblich dazu bei, dass den Unternehmen der industriellen Ära geradezu märchenhafte Effizienzzuwächse beschert wurden und dass beispielsweise die ungeheure Produktionsausdehnung im Zusammenhang mit dem durch die beiden Weltkriege ausgelösten Nachfrageschub überhaupt möglich wurde. Einer historischen Entwicklung, die vor allem den aufstrebenden USA zugute kam.

Es mangelte jedoch nie an kritischen Stimmen zum Taylorismus. Charles Chaplins filmisches Meisterwerk Modern Times, in dem Chaplin die Entfremdung des Industriezeitalter-Arbeiters von seiner Arbeit karikiert und ihn als verständnisloses Rädchen in der Maschine darstellt, war selbstredend nur ein Rädchen dieser Kritik. Selbstverständlich war den meisten von Chaplins gebildeten Zeitgenossen die Inhumanität tayloristischen Managements und dessen Unvereinbarkeit mit den Idealen der Aufklärung und der aufkommenden demokratischen Bewegung bewusst. Die amerikanischen Gewerkschaften hatten das Scientific Management zunächst verbittert bekämpft. Die Managementphilosophin Mary Parker Follett, eine Zeitgenossin Taylors, forderte, dass Wertschöpfung viel stärker aus Teamstrukturen hervorgehen müsste, und plädierte für eine hierarchiefreie Arbeitsorganisation, für ein stärker beziehungsorientiertes Managementverständnis und eine Rückintegration von Macht in die Arbeit. Damit war Follett ihrer Zeit jedoch um viele Jahrzehnte voraus.

Die Geschichte des Managements selbst ist eine Geschichte ständiger Optimierung, der Ergänzung und des Ausbaus des Methodenkastens tayloristischer Prägung. Dies geschah, ohne dass im Laufe der letzten hundert Jahre Taylors Prinzipien personeller, zeitlicher und funktionaler Teilung jemals ernsthaft auf breiter Front infrage gestellt worden wären. Die Human-Relations-Bewegung um Figuren wie Elton Mayo gaben dem Taylorismus ab den 1930er Jahren einen menschlicheren Anstrich und machten Personalmanagement zur Therapieveranstaltung – ohne den patriarchalischen Charakter von Management zu unterwandern. Die Technokratiebewegung um Taylor-Schüler Henry Gantt, den Berater James McKinsey oder den Mathematiker und selbsternannten Marketingexperten Igor Ansoff erweiterten den Management-Werkzeugkasten um Methoden wie die Projekt- und Unternehmensplanung und deklarierten die Budgetsteuerung zum heiligen Gral unter den Managementkonzepten.

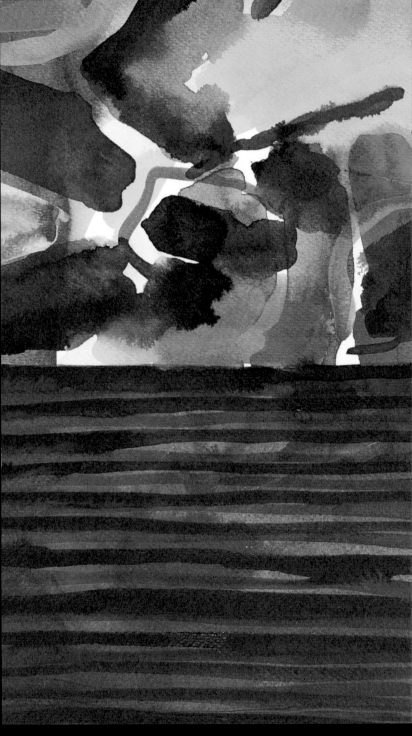

Aus Taylorismus wird Neo-Taylorismus

Die Entwicklung immer neuer Managementinstrumente hatte damit nur begonnen. Die Strategie-Bewegung der 1970er Jahre um Gurus wie Michael Porter, Bruce Henderson von Boston Consulting Group und – welche Ironie! – Peter F. Drucker selbst schließlich machten Strategische Steuerung und Management by Numbers zur Domäne übereifriger Analytiker, praxisentrückter MBA-Absolventen und Technokraten. Sie alle verfeinerten mit ihren Instrumentarien den Taylorismus immer weiter und verliehen dem Management die Würze.

Derweil entfernte sich die Betriebswirtschaftslehre und Managementpraxis immer weiter von anderen sozialwissenschaftlichen Disziplinen wie Philosophie, Psychologie und Verhaltenswissenschaften. Komplexitätstheorien wie die Systemtheorie, die Chaostheorie oder die Kybernetik waren mit der Managementlehre sichtbar unvereinbar – der mechanistische Theoriehintergrund und der letztlich patriarchalische Geist des Taylorismus machten eine Annäherung unmöglich. Die Motivationsforschung der 1950er und 1960er Jahre um Forscher wie Frederick Herzberg, Douglas McGregor oder Abraham Maslow, dessen fünfstufige Bedürfnispyramide breite Bekanntheit erlangte, förderten zwar überraschende Ergebnisse zutage, machten sie doch deutlich, dass im Menschen weitaus mehr drin steckte als konventionelles Management das vorsah. Beispielsweise der Impuls zur Selbstentfaltung oder allgemeiner die dem Menschen innewohnende, intrinsische Motivation. Der Mensch als auch bei der Arbeit schöpferisches Wesen, das Lust bei der Arbeit nicht nur sucht, sondern sie gleichsam finden muss. Diese Irritation führte zu breiter Diskussion in Managementtheorie und -praxis. Sie stand mit 'command-and-control', also der Organisation per Weisung und Kontrolle, in Konflikt, führte aber keineswegs zum eigentlich grundlegenden, sichtbaren Umdenken in der Personalmanagement-Praxis oder im Führungsverständnis führender Unternehmen.

Vielleicht war die Motivationsforschung die vorerst letzte Episode, in der die Wissenschaft der Unternehmensführung sich fundamental und Disziplinen übergreifend mit anderen Wissenschaften auseinandersetzte. Im weiteren Verlauf der Managementgeschichte fand kaum mehr ein ernsthafter Kontakt mit anderen Wissenschaftszweigen statt. Gerade die betriebswirtschaftliche akademische Forschung im deutschsprachigen Raum vergrub sich in Detailfragen und technokratischen Scheindebatten. Herzbergs Feststellung beispielsweise, dass Geld letztlich nicht motiviert, nicht motivieren kann, sondern stets nur demotiviert, wird immer wieder zitiert und wiedergegeben. Sie erscheint aber angesichts der immer noch existierenden Anreiz- und Vergütungssysteme in Unternehmen und angesichts der Personalmanagementausbildung an Hochschulen und in Trainings als geradezu weltfremde Beharrung mit Tendenz zur Ketzerei.

Die Mechanik zwangsoptimierten Misserfolgs

Die Brüchigkeit von Management indes begann bereits in den 1960er und 1970er Jahren offenbar zu werden. Vordenker wie Peter F. Drucker in den USA und Charles Handy in Europa begannen von der bevorstehenden Dominanz der Wissensarbeit und der neuen Klasse der Wissensarbeiter zu schreiben und riefen – vergebens - zu einer zweiten Revolution in der Unternehmensführung auf. Das Produktivitäts- und Qualitätswunder bei Toyota und das so genannte „japanische Phänomen" stellten kurz danach die Grundfesten westlicher Industrieproduktion infrage. Der Westen reagierte zunächst fassungslos, später optimierungswütig: Qualitäts- und Prozessmanagement-Bewegung, Kontinuierliche Verbesserung, Reengineering und die Konstituierung der ISO-Zertifizierungs-Standards waren einige der Initiativen, die darauf abzielten sollten, Management für die neue Herausforderung fit zu machen.

Der Toyota-Entwicklungsingenieur und Mitbegründer des Toyota Way Taiichi Ohno und der in Japan vielbeachtete amerikanische Systemtheoretiker W. Edwards Deming hatten in den 1970er Jahren bereits vehement davor gewarnt, dass sich „wirksames Denken" nicht zu Tools und Methoden „kristallisieren" dürfe, weil jenes Denken dabei unweigerlich erstarre und unwirksam werde. Es nutzte alles nichts: Lean, Kaizen, Kanban, Just-in-Time und Dutzende anderer Praktiken und Teilkonzepte von Toyota wurden unnachgiebig zu Tipps, Tools, Best Practices und Beratungsprodukten verdichtet, zusammengestampft, verdummt und verpflanzungsfertig gemacht. Im Hamsterrad der Optimierung. Dabei hätte man so viel von Toyota lernen können!

Die Krux der Betriebswirtschaft: Anders als in der Medizin, Physik oder den Naturwissenschaften werden überkommene, obsolete Theorien und Methoden nicht automatisch durch neuere, leistungsfähigere abgelöst. Newtons Schwerkrafttheorie, formuliert in seinem Gravitationsgesetz von 1686, die wiederum auf der Vorarbeit Keplers beruhte, wischte alle vorangegangenen Theorien über das Phänomen des freien Falls hinweg – darunter die von Aristoteles. In der Unternehmensführung fehlt diese Klarheit und ein effektiver Wettbewerb der Theorien, Glaubenssätze und Ideen. Viele Praktiker wähnen sich gar theoriefrei – eine bizarre, geradezu abergläubische Haltung. Die damit verwandte „Sowohl-als-auch"–Beliebigkeit ist ebenfalls verbreitet, sogar esoterische Erklärungsmuster und offensichtlich vordemokratische Praktiken der Unternehmensführung werden kaum hinterfragt und gelten als salonfähig, insbesondere in den vermeintlich „soften" Bereichen von Personalwirtschaft, Teams, Motivation, Führung und Veränderung.

In den meisten Unternehmen führt das heute effektiv zu einem Verbot des intelligenten Zweifelns.

Ein Epochenwandel ändert das Spiel

Das Verbot des intelligenten Zweifelns treibt in heutigen Organisationen Blüten. Schnell wird die Hinterfragung des Status quo, werden Dissens und Meinung als Zumutung interpretiert, die in Marginalisierung und Diffamierung der Andersdenkenden münden kann (gerne als Mobbing bezeichnet), oder aber in inquisitorische Hexenverbrennung oder Pfählung (Kündigung beziehungsweise Freisetzung). Zwar halten sich einzelne Großkonzerne zuweilen intelligente Narren und verweisen stolz darauf. Hinter diesem Phänomen darf aber eher eine weitere Variante des Effizienzgedankens vermutet werden. Die Folge: group think. Denkstillstand. Hirntod. Der durch Mitarbeiterbefragungen oder das Ausbleiben von Innovation nur mehr attestiert werden kann.

Derartige Auflösungserscheinungen sind offenbar typisch für einen Übergangzeitraum zwischen Epochen. Es ist darum auch kein Zufall, dass sich viele Unternehmen heute von den Unternehmensberatungen des 20. Jahrhunderts zur Ader gelassen und geschröpft sehen. Deren Methoden sind vorwissenschaftlich, gestrig und im heutigen Kontext im günstigsten Falle wirkungslos. Inzwischen findet sich jedoch für fast alles eine vermeintliche Managementdisziplin und -methodik. Gemanagt wird auch das, was sich bei näherer Betrachtung gar nicht steuern, planen, kontrollieren, also managen lässt. Dazu gehören Dinge wie Qualität, Wachstum, Risiko, Kunden sowie deren Zufriedenheit, Unternehmenskultur, Innovation, Reputation, Veränderung oder Kosten. Denn es hält sich zwar hartnäckig der Mythos, Kosten könne und müsse man planen, kontrollieren, steuern und dergleichen. Fakt ist jedoch, dass Kosten lediglich buchhalterisches Abbild von Arbeit, Wertschöpfung und Verschwendung sind und dass sie sich damit – ähnlich einem Schatten – der direkten Einflussnahme entziehen. An Kosten lässt sich nicht arbeiten – wir können sie nur beobachten und abbilden. Arbeiten sollten wir an der Arbeit selbst, an der Effektivität der Wertschöpfung und an der Bekämpfung von Verschwendung. Die Kosten erinnern uns daran, dass wir mit dieser Arbeit niemals fertig sind.

Für das systematische Versagen von Managementdenken und tayloristisch geprägter Unternehmensführung gibt es einen triftigen Grund: die Renaissance marktlicher Komplexität im postindustriellen Zeitalter. Management entstand in einer historischen Ausnahmesituation, Taylor und seine Zeitgenossen boten hierfür die ideale Lösung. Management war als eine auf Effizienzsteigerung im Industriezeitalter angelegte Wertschöpfungstechnologie passgenau für die unternehmerischen Herausforderungen in trägen, monopolistisch-oligopolistischen Märkten angelegt. In dieser Art von Markt ist mechanistisch organisierte Optimierung nicht nur leistungsfähig, sondern durchaus ausreichend.

Wie Fremdsteuerung zum Problem wurde

Diese historische Ausnahmesituation endete jedoch nach und nach in der zweiten Hälfte des 20. Jahrhunderts - mit Öffnung und Globalisierung der Märkte sowie der Rückkehr stark kundenindividueller und zugleich wettbewerbsintensiver Nachfrage. Damit kehrte zurück, was es im Manufakturzeitalter bereits gegeben hatte, wenngleich unter anderen gesellschaftlichen und technologischen Bedingungen: die Dominanz von Komplexität in der arbeitsteiligen Wertschöpfung.

Heute dominieren enge, dynamische und wettbewerbsintensive Märkte, in denen neben ständigem Effizienzzuwachs auch kritische Erfolgsfaktoren wie überdurchschnittliche Kundennähe, Innovationsfähigkeit, Qualität und Ertragsstärke eine Rolle spielen. Es geht darum, überlegene Wertschöpfung und Wirkung zu erzeugen – nicht mehr nur darum, kontinuierlich stets etwas besser zu werden. Für den Umgang mit dieser Komplexität jedoch sind hierarchische

Weisung und Fremdkontrolle, ist die mechanistische Steuerung ungeeignet. Die Systemtheorie bringt dieses Problem auf den Punkt, indem sie scheinbar lapidar konstatiert, dass zentralistische Steuerung unter zunehmender Marktdynamik kollabiert, ja kollabieren muss. Komplexe Märkte und Wertschöpfung sind das Ende modernen Managements. Mit defizitären Mitarbeitern, ungenügenden Führungskräften oder mit Widerstand gegen Veränderung hat das nichts zu tun. Auch die beste Führungskraft oder neue Tools können dieses Problem nicht lösen – selbst wenn wir heroische Manager oder neue Tools noch so sehr zu Allzweckwaffen verklären möchten, so wie zu Zeiten Molières und des Sonnenkönigs der Einlauf als selbstverständliches Allheilmittel galt.

Am Beispiel der Ideologie des Prozessmanagements, einer durch ISO-Zertifizierung popularisierten und weit verbreiteten Methode, lässt sich die Problematik gemanagten Kaputtoptimierens und Totverbesserns anschaulich zeigen. Das Ziel des Prozessmanagements ist die Dokumentation und Vorgabe standardisierter Prozesse für die Mitarbeiter – ganz dem tayloristischen Dogma der hierarchischen Teilung zwischen Denkenden und Handelnden entsprechend. Mitarbeiter und

Kunden sollen sich dem Diktat der effizienzgetrimmten Prozesse beugen – und nicht umgekehrt. Standardisierte, fremdoptimierte und fremdkontrollierte Prozesse können jedoch nur solche Vorgänge abbilden und sichern, die auch tatsächlich standardisierbar – also vorhersehbar, beschreibbar und beherrschbar sind. Das jedoch ist in der Realität des unternehmerischen Alltags, in dem Wertschöpfungsprozesse immer vielfältiger und variantenreicher werden, immer weniger der Fall. Standardisiert man die Prozesse dennoch, verdrängt man den wahren Prozess auf die Hinterbühne des Organisationsgeschehens. Die Realität wird zum Tabu.

Komplexitäts- und menschengerechtes Denken für die Renaissance der Führung

Zudem untergräbt die Fremdkontrolle durch Standards und Prozessvorgabe die Verantwortungsübernahme durch Mitarbeiter - und steht damit letztlich einer Weiterentwicklung und Verbesserung im Weg. Gemeinsame Arbeit am System und von allen geteilte, unternehmerische Verantwortung sehen anders aus.

Unterdessen haben sich viele Managementerfahrene Führungskräfte vom scheinbaren Erfolg des bisherigen Standards verführen lassen. Die Behauptung, dass auch gemanagte Organisationen erfolgreich sein können oder sind – die Existenz „erfolgreicher" Unternehmen belege das –, ist ein vermeintliches Killer-Argument der Managementbewahrer. Das sich schnell als Irrtum entpuppt. Der Standard wird zum Opfer seiner eigenen Dominanz: Da Erfolg relativ ist, lässt sich relativer Misserfolg gemanagter Organisationen nur dann leicht beobachten, sobald ein post-tayloristischer Wettbewerber gegen traditionell gemanagte antritt. Erst im jahrzehntelangen Leiden der amerikanischen Automobiltitanen, der durch Toyota und Honda ausgelöst wurde, trat das Unzeitgemäße hierarchischer Weisung und Kontrolle in der produzierenden Industrie sowie die Überlegenheit der Wiedervereinigung von Denken und Handeln in allen Teams eindrucksvoll zutage. Die Frage, die sich Unternehmer und Manager heute stellen müssen, lautet entsprechend nicht: Lässt sich Management noch irgendwie besser machen? Sondern: Wann kommt der Tipping point? Und darüber hinaus: Will ich mich dem heute stellen?

Niemand hat die Herausforderung für die notwendige Zeitenwende, vor der die Unternehmensführung heute steht, besser ausgedrückt als Albert Einstein. Er sagte, man könne Probleme nicht mit dem gleichen Denken lösen, das die Probleme selbst hervorgebracht habe. Aufgrund dieses Dilemmas ist es aussichtslos, mit tayloristischem Repertoire echte Verbesserung oder Veränderung für eine komplexe Marktwelt erzeugen zu wollen. Das Managementdenken, wie es die meisten von uns erlernt und sich angeeignet haben, liefert bestenfalls Methoden, die vorgeben, zu den Symptomen zu passen. Es liefert aber nicht problemadäquate Werkzeuge, mit denen sich die Wurzeln von Problemen selbst behandeln oder Problemursachen auflösen lassen. Auch deshalb lehrt die Erfahrung der meisten Führungskräfte, Manager, Geschäftsleute und Veränderungsexperten, dass Veränderung immer schwer ist und Kraft erfordert. Dass man überzeugen, Betroffene wahlweise „abholen" oder widerwillig „zu Beteiligten machen" muss, dass man herunterbrechen, ausrollen, überzeugen und letztlich immer Macht einsetzen muss. Es sind Bilder und Glaubenssätze aus dem Gedankengebäude hierarchisch-bürokratisch-funktionalen Weisungs-und-Kontroll-Managements. Sie repräsentieren selbst jenes Denken über Organisationen, das Teil des Problems ist.

Führung: Eine Frage des eigenen Menschenbilds

Dieses Denken ist verankert in einem im Industriezeitalter üblichen, in unserer Gesellschaft inzwischen offiziell verpönten, aber in unseren Köpfen und im Management weiterhin dominanten oder zumindest tolerierten Menschenbild, demzufolge Menschen dumm, faul und träge sind - und folgerichtig mittels Angst und Anreizen zu Arbeit und Leistung gezwungen oder verführt werden müssen. Douglas McGregor gab diesem Menschenbild, das eigentlich nichts anderes ist als ein hartnäckiges Vorurteil über andere Menschen, Anfang der 1960er Jahre in seinem epochalen Werk The Human Side of the Enterprise den Namen „Theorie X". Keine Wissenschaft der Welt, so McGregor, keine anekdotische Evidenz sei jemals in der Lage gewesen oder werde jemals in der Lage sein, die Existenz auch nur eines einzigen X-Menschen nachzuweisen. Er sollte Recht behalten. Dennoch lebt der Theorie-X-Mythos in unseren Köpfen fort und er ist eine der Barrieren, vielleicht die wichtigste Barriere, die der Abkehr vom Management im Wege steht. Denn Management bezieht seine Daseinsberechtigung aus diesem Vorurteil über die Natur des Menschen. Es lebt von der Suche nach der besten Führungskraft, dem besten Kandidaten, der Verbesserung des Mitarbeiters durch – natürlich! – den Vorgesetzen. Notfalls mit Gewalt. Im Management geht es darum, den arbeitenden Menschen zu verbessern, nicht aber die Bedingungen.

Der Führungsbegriff wurde im Verlauf der vergangenen hundert Jahre ebenfalls mythologisiert, durch die Einordnung unter Management oder die Gleichsetzung damit entstellt und bis hin bis zur kompletten Bedeutungslosigkeit aufgebläht. Davon, wie Leistung mit und zwischen Menschen entsteht, haben Organisationen heute folglich überwiegend ein mechanistisches Verständnis. Damit packen wir das Problem jedoch an der ganz falschen Stelle an. Was nämlich, wenn die so genannte Führungsaufgabe nichts mit Arbeit am Menschen zu tun hätte, sondern vielmehr mit disziplinierter Arbeit am System der Arbeitserbringung? Wenn Führung von Arbeit mit und zwischen Menschen handeln würde, nicht von Arbeit unter Managern? Wenn Führung eigentlich die Wiedervereinigung von Denken und Handeln zum Inhalt hätte?

Wir benötigen einen neuen Werkzeugkasten für Führung und Veränderung – oder besser: ein machtvolleres, komplexitätsrobustes Denken und dazu passende Denkwerkzeuge. Dabei müssen wir das Rad gar nicht neu erfinden. Denn ähnlich wie die Medizin im Mittelalter verfügen wir glücklicherweise über „altes Wissen", über eine quasi-verschollene Weisheit, über Können und Wissenschaft. Damit diese in der Praxis nutzbar werden - und darum geht es ja -, bedarf es der Befreiung von den Dogmen der Industriezeitalter-Vergangenheit.

Management: Wo wir heute stehen

Beispiel Management-Ausbildung: Sie ist bis heute fast ausschließlich durch tayloristische Prinzipien und Werte des Industriezeitalters geprägt und basiert fast durchgängig auf einem unwissenschaftlichen, obsoleten Menschenbild, auf irrigen Vorstellungen über Marktkomplexität sowie auf Taylors Dreifaltigkeit der Teilung: funktional (deutlich sichtbar am Fächer- und Disziplinenkanon), hierarchisch (sichtbar am heroisierten Führungsverständnis und den Instrumentarien der Fremdkontrolle) sowie zeitlich (erkennbar am Instrumentarium organisationaler Planwirtschaft). Kein Zweifel: Managementlehre und -ausbildung befinden sich international auf dem Niveau der Medizin zu Zeiten des Mittelalters und glänzen allenfalls durch Mangel an zeitgemäßer, wissenschaftlicher Untermauerung und Lehrmethodik. Was Organisationen im 21. Jahrhundert bräuchten, wird in der Ausbildung nicht angeboten - von einigen, ganz wenigen Ausnahmehochschulen wie der Zeppelin Universität in Friedrichshafen oder der Rotman School an der

Universität von Toronto abgesehen. Das Wissen aber, das der Ausbildungs- und Hochschulbetrieb heute verfügbar macht, will natürlich auch weiterhin eingesetzt werden. So perpetuiert sich der bereits seit einigen Jahrzehnten obsolete Status quo.

Eine Quelle alternativen Wissens und Erfahrung sind hingegen diejenigen Pionierorganisationen posttayloristischer Prägung, die bislang oft als Paradiesvögel und erfolgreiche Ausnahmeunternehmen galten, von denen man jedoch als traditionell gemanagte Organisation vermeintlich wenig lernen konnte. Toyota ist ein eindrucksvolles, bekanntes und ebenso oft missverstandenes Beispiel. Andere außerordentlich erfolgreiche Ausnahmeunternehmen dieser Art sind Southwest Airlines, W. L. Gore, Nucor, Semco, Trisa, Aldi, dm-drogerie markt, Hengeler Müller, Egon Zehnder International, Handelsbanken und HCL, oder in jüngerer Zeit die 2006 in den Niederlanden gegründete Buurtzorg. Diese und andere Unternehmen führen sich in einer Weise, die die meisten Unternehmen irgendwann in ihrem Evolutionsprozess verlernt haben: ganz ohne Management.

In Organisationen ohne Management bedarf

es freilich auch anderer, neuer Fähigkeiten – im Business-Lingo Skills genannt. Im Mittelalter begab man sich in die Obhut von Quacksalbern oder der Klostermedizin. Hospitäler wurden von den Klöstern betrieben. Mönche und Nonnen verfügten über grundlegende Kenntnisse zur Heilwirkung von Kräutern oder Heilpflanzen. Mit der Verwissenschaftlichung der Medizin bedurfte es gänzlich anderer Fähigkeiten und Tätigkeiten wie der Forschung - Leonardo da Vinci beeinflusste die medizinischen Fortschritte der Renaissance erheblich -, der Bekämpfung der Kurpfuscherei bei gleichzeitiger Institutionalisierung des neuen Berufsstands des Arztes, der sich anderer Methoden bediente.

Optimierung allein reicht nicht mehr aus

Was also wird künftig zur Heilung oder Erhaltung der Lebensfähigkeit von Organisationen gebraucht? Um Leiden, Schwäche und Not in Unternehmen zu lindern? Einige der Grundlagen der neuen Betriebswirtschaft treten bei näherer Betrachtung recht deutlich hervor. Zweifellos werden Komplexitätstheorien und -denken eine bedeutende Rolle in der Neuzeit der Organisationen spielen. Daraus ergibt sich das Handwerk des systematischen Arbeitens an komplexen Systemen, wie Organisationen es nun einmal sind, was Theoriebildung und disziplinierte Anwendung erfordert. Damit wird die Entstehung tiefen Wissens darüber möglich, wie Organisationen wirklich funktionieren, wie Leistung entsteht und wie informelle und Wertschöpfungsstrukturen wirken.

Ein weiterer Grundpfeiler der Zeitenwende wird ein zeitgemäßes Verständnis menschlicher Natur und menschlicher Zusammenarbeit sein – dem „Miteinander-Füreinander-Leisten". Hier geht es um die Fähigkeit, Teams und Organisationen so zu führen und zu verändern, dass sie eine hohe Anpassungsfähigkeit haben oder bewahren können, dass sie Können und Fähigkeiten unter der Bedingung der Unterschiedlichkeit kombinieren, nutzen und entwickeln. Tiefes Verständnis der komplexen Funktionsweisen von Menschen, Teams und Organisationen sind hierfür erforderlich. Hierzu können Wissen und Denkwerkzeuge aus der Philosophie, Psychologie, Soziologie und anderer Humanwissenschaften wertvolle Beiträge leisten. Auch die Betriebswirtschaft kann als Reservoir relevanten Wissens für die neue Ära nutzbar gemacht werden, immer dort wo es um eher marktwirtschaftlich-unternehmerisches Methodenrepertoire geht, statt der im tayloristisch geprägten Management gebräuchlichen planerisch-bürokratischen Methoden, die man in ähnlicher Form auch in der stalinistischen Planwirtschaft vorfand.

Optimierung als Anpassung an bestehende Zustände führt leicht dazu, tradierte Glaubenssätze zu erhalten. Der Zeitenwechsel, den die Märkte in den letzten Jahrzehnten vollzogen haben, hat eine im Vergleich zum Industriezeitalter hohe Komplexität in der Wertschöpfung mit sich gebracht. Diese Komplexität wiederum erzwingt

nun einen Zeitenwechsel in der Unternehmensführung. Reine Verbesserung reicht unter diesen
Bedingungen nicht mehr aus: Wenn sich die Zustände verändert haben, hilft nur noch tiefgrei-
fende Veränderung, also die Erarbeitung neuer,
gelebter Glaubenssätze und die Entwicklung
neuen Könnens.

Fortschritt bedeutet in einer Zeit wie dieser
Anpassung an dramatisch andere Umstände und
damit die Bewältigung ernsthafter Transformati-
on. Die Management-basierte Unternehmensführung ist heute ausgereizt, ausgelutscht und
längst nicht mehr verbesserungsfähig. Ähnliches
gilt für einige der gesamtgesellschaftlichen Systeme, die ihren Aufstieg und ihre Blüte im Industriezeitalter vollzogen haben.

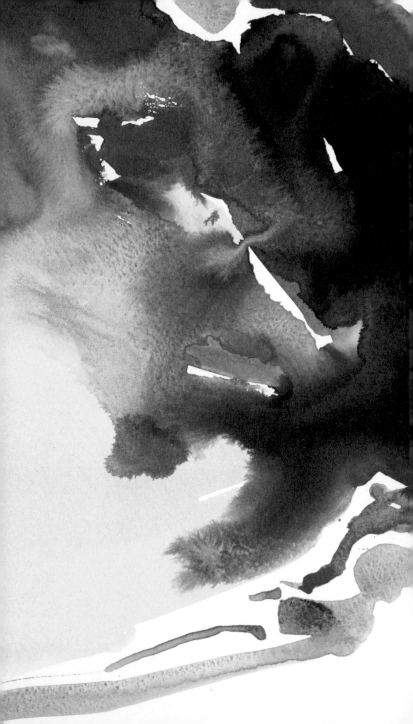

Systemüberwindung als Aufgabe unserer Zeit

Im Industriezeitalter wurden die Systeme, die den modernen Sozialstaat ausmachen, entweder völlig neu geordnet oder von Grund auf neu geschaffen: In Deutschland begann dies in der Regierungszeit Otto von Bismarcks, zwischen 1871 und 1890. Rentensystem und Altersversorgung, Krankenversicherung, Absicherung bei Arbeitslosigkeit und Krankheit, Schul- und Bildungssystem, Steuersystem: Die Neuordnung dieser wohlfahrtsstaatlichen Sozialsysteme erfolgte, um die dringenden Probleme jener Zeit zu lösen – und um mit ihnen die Konstruktion bzw. die Konsolidierung des demokratischen Rechtsstaats zu meistern. Das erklärte Ziel dieser gesellschaftlichen Sicherungssysteme war es, mit dramatisch wachsenden Bevölkerungen umzugehen und sozialen Frieden zu sichern. Es ging aber auch darum, Unternehmen – genauer: Industrieunternehmen – einen robusten Rahmen für deren wirtschaftliche Tätigkeit zu bieten. Eine Leitidee bei der Gestaltung all dieser Systeme: Wohlstand für alle!

Es kann kaum verwundern, dass diese Systeme heute, Jahrzehnte nach dem Ende des Industriezeitalters, einsturzgefährdet sind oder bereits kollabieren: Die Zeiten haben sich geändert. Ein simpler Satz des deutschen Sozialministers Norbert Blüm, formuliert in einer Rede vor dem deutschen Bundestag 1986, illustriert das sich abzeichnende Ende der Sozialsysteme des 19. und 20. Jahrhunderts. Dieser Satz lautete: „Die Rente ist sicher". Blüms Behauptung lud dazu ein, an den Fakten gemessen zu werden – sie erwies sich schnell als offensichtliche Unwahrheit. An unserem Handeln in Bezug auf Rentensystem, Steuerwesen und Absicherungssysteme hat das bislang wenig geändert.

Der Blüm-Satz aus den 1980er-Jahren steht einerseits beispielhaft für unsere Fähigkeit, uns der Realität zu verweigern. Vor allem aber steht er für die Kapitulation jener, die nicht vermögen, über die Mechanik der Optimierung hinaus in Kategorien der Systemüberwindung zu denken und zu handeln. Spätestens seit den 1980er-Jahren wird in Politik und Verwaltung ausgesteuert, vertuscht, scheinoptimiert – nicht nur beim Rentensystem. Den Optimierern gelang es dabei, den Begriff der Reform zu vereinnahmen: Sie lösten so die Unterscheidung zwischen Optimierung und Systemüberwindung in der politischen Sphäre nahezu vollständig auf. Der Politikbetrieb beraubte sich selbst der Kategorie der „Arbeit am System".

Das wiederum machte Politik und Verwaltung der letzten Jahrzehnte anfällig für das Dogma des Managements: Just als die Systemüberwindung in der Sphäre des Gemeinwesens erstmals seit dem Industriezeitalter zu einer relevanten Praxis hätte werden müssen, begannen Politik und Verwaltung in Deutschland, sich des Managements, also des aus der Wirtschaft kommenden Optimierungsdenkens zu bemächtigen. In den 1980er-Jahren wurde reflexhaft und fieberhaft begonnen, Verwaltung zu optimieren. Mit dramatischen Folgen.

Jenseits der Optimierung beginnt das Politische

Die „Professionalisierung" der deutschen Verwaltungslandschaft wurde durch Privatisierung und Partnerschaften mit der freien Wirtschaft betrieben. Aber auch durch die Übernahme längst überholter Managementpraktiken aus der Privatwirtschaft. Die großen Beratungsfirmen, allen voran McKinsey, entdeckten den öffentlichen Sektor schnell als lukrative Dauerbeauftragungs-Maschinerie. Kostenmanagement und Performance Management hielten Einzug in die Verwaltung: In Beratungsprojekten wurden Verwaltungsorganisationen zunächst nahezu funktionsunfähig geschliffen. In Folgeprojekten mussten die dann fehlenden Funktionen und Expertisen wieder von den Beratungsfirmen zugekauft werden. Ein einträgliches Geschäftsmodell – wenn auch nicht für das Gemeinwesen.

Im öffentlichen Sektor bürgerte sich das Management nach Zahlen ein. Heute stehen Schulen untereinander im Wettbewerb um „beste Abiturdurchschnitte". Krankenhäuser versuchen, Indikatoren wie die „Hospitalisierungsdauer" zu steuern. Steuerprüfer müssen bei ihren Prüfungen eine „Fehlerquote" schaffen. Vielerorts wurden Anreizsysteme etabliert. Ein Beispiel: In den so genannten Exzellenzinitiativen werden Universitäten angetrieben, Leistungsindikatoren zu optimieren – belohnt wird das mit finanziellen Sondermitteln.

Unsere Sozialsysteme als Bestandteile der parlamentarischen Demokratie sind kaputtoptimiert worden. Der durch Managementmethoden getriebene Niedergang öffentlicher Verwaltung ist überall zu beobachten: In der Krise des Beschaffungswesens der Bundeswehr, beispielsweise, oder im Verfall der Bundesagentur für Arbeit. Gleichzeitig wurde die wichtige Tradition des Ermessensspielraums in der Verwaltung nahezu ausgelöscht – mit fatalen Folgen für die Motivation der Staatsdienenden und für die Beweglichkeit des öffentlichen Sektors. Befeuert wurde diese Fehlentwicklung durch ein Politikverständnis, das öffentlicher Verwaltung grundsätzlich misstraut und die Komplexität gesellschaftlicher Entwicklungen unterschätzt. Kombiniert mit der Hybris eines Managementdenkens, das sich selbst als Fortschritts- und Wohlstandmotor versteht.

Was heute fehlt, ist der bismarcksche Wille zur Systemüberwindung. Einige Elemente der kommenden Neuordnung des Sozialstaats liegen bereits auf der Hand: Ein Bedingungsloses Grundeinkommen wird dazu gehören. Verbunden mit einer dramatischen Vereinfachung des Steuersystems durch die Abkehr von der Besteuerung der Arbeit zugunsten derer von Konsum und Kapitaltransaktionen. Andere erforderliche Gestaltungselemente werden noch eines intensiven gesellschaftlichen Diskurses bedürfen, z.B. die konsequente Trennung von Staat und Religion.

Fest steht: Die Herausforderungen unserer Zeit lassen sich nur mit Könnerschaft im Handwerk der Systemüberwindung lösen. Vorschläge und kluge Ansätze gibt es zuhauf. Wir müssen es nur wollen.

Niels Pfläging

Niels Pfläging ist Unternehmer, Organisationsforscher, Berater und Schöpfer von Organisationswerkzeugen. Bekannt wurde er Anfang der 2000er-Jahre zunächst als Kritiker klassischer Managementmethoden wie der Budgetierung. Später machte er sich als Vordenker dezentraler, demokratischer und radikal unternehmerischer Führungsmodelle einen Namen. Pfläging ist Gründer des internationalen Open-Source-Netzwerks BetaCodex Network. Er ist Mitgründer der Red42 GmbH mit Sitz in Wiesbaden und des Lernanbieters disqourse mit Sitz in Zagreb. Pfläging schrieb 10 Businessbücher – darunter die Bestseller Führen mit flexiblen Zielen, Organisation für Komplexität und Komplexithoden. Kontakt: niels.pflaeging@redforty2.com

Niels Pfläging schreibt auf
www.story.one

schreib's auf
story.one

Faszination Buch neu erfunden

Viele Menschen hegen den geheimen Wunsch, einmal ihr eigenes Buch zu veröffentlichen. Bisher konnten sich nur wenige Auserwählte diesen Traum erfüllen. Gerade mal 1 Million Autoren gibt es heute – das sind nur 0,0013% der Weltbevölkerung.

Wie publiziert man ein eigenes story.one Buch? Alles, was benötigt wird, ist ein (kostenloser) Account auf story.one. Ein Buch besteht aus zumindest 12 Geschichten, die auf story.one veröffentlicht und dann mit wenigen Clicks angeordnet werden. Und durch eine individuelle ISBN kann jedes Buch dann weltweit bestellt werden.

Jede lange Reise beginnt mit dem ersten Schritt – und dein Buch mit einer ersten Story.

Wo aus Geschichten Bücher werden.

#storyone #livetotell